Bilder für Kinder von Tieren und Sachen   3

Jetzt bin ich ein großer Bruder

Text: Yoko Ono
Illustration: Yoko Imoto
Übersetzung und
erläuternde Hinweise:
Irmtraut Wittenburg

Saatkorn-Verlag GmbH, Hamburg

Nonta ist jetzt ein großer Bruder.
Er hat nämlich fünf
Geschwister bekommen.
Deshalb.
Er freut sich zwar ein bißchen darüber,
aber er ist gleichzeitig auch
recht traurig.
Das ist ein ganz eigenartiges Gefühl.

„Mami, Mami, ich möchte auch eine Wiege haben!"
„Aber Nonta! Du bist doch kein kleines Baby mehr. Du bist jetzt ein großer Bruder! Geh spielen."
Die Mutter spielt nicht mehr wie sonst mit Nonta.

*(So etwas Dummes!
Das macht gar keinen Spaß.
Mama hat nur noch Zeit für die Babys.
Wenn wir sie bloß nicht hätten!)*
Nonta fühlt sich sehr einsam.

„Nonta, nimm doch bitte
deine Geschwister zum Spielen mit",
sagt die Mutter.
Die Kleinen watscheln Nonta
hinterdrein.
*(Ich weiß, was ich tu: Ich lasse
die Kleinen einfach irgendwo zurück
und mach' mich schnell aus dem Staub.
Dann habe ich Mama wieder ganz
für mich allein.)*

(Ich hab's: Ich klettere einfach auf den Baum und verstecke mich.)
In Windeseile klettert Nonta den Baum hinauf.
„Wir wollen auch hoch! Wir wollen auch hoch!"

„Hu, ist das aber hoch!"
„Ich fall' gleich hinunter!"
„Hi-i-i-ilfe!"
Nontas Geschwister haben Angst
und schreien durcheinander.
(Ich hab's ...
Hm, aber ich kann doch nicht
zulassen, daß die armen Dinger
hinunterfallen und sich weh tun ...)

*(Ich hab's: Ich gehe in den Wald
und frage den Wolf, ob er etwas
mit den Kleinen anfangen kann.)*
„Hallo Wolf, möchtest du vielleicht
meine Geschwister haben?"
„Aber gern. Ich hab' auch schon eine Idee,
was ich mit ihnen machen könnte."
(Das klingt gar nicht gut!)

„Schnell weg!"
(Der Wolf sah aus, als hätte er etwas sehr Schlimmes mit den Kleinen vor.)

*(Ich hab's: Ich gehe jetzt einfach
über die Holzbrücke
und laufe dann schnell weg.)*
Der Fluß, über den die Brücke führt,
sieht sehr gefährlich aus.
„Nonta, ich hab' solche Angst…"
Schluchz, schluchz, schnief, schnief.

„Schon gut. Haltet euch fest!"
Nonta strengt sich tüchtig an.
*(Ich kann die Kleinen
doch nicht ertrinken lassen!)*

Eine wunderschöne Blumenwiese.
Ausgelassen spielen Nontas Geschwister
mit den bunten Schmetterlingen.
Macht das Spaß!

*(Das ist die Gelegenheit!
Jetzt lasse ich sie allein.)*
Nonta versteckt sich vorsichtig
im Gras.

Und dann läuft Nonta davon.
Er läuft und läuft.
Seine Geschwister rufen nach ihm.
Aber Nonta hält sich die Ohren zu
und läuft weiter.
Jetzt weinen die Kleinen ganz laut.
(Sie weinen…)

Nonta kehrt um. „Hier bin ich."
„Da ist Nonta,
unser großer Bruder Nonta."
*(Das stimmt.
Ich bin jetzt ein großer Bruder.)*

„Mami, da sind wir wieder."
„Wir haben einen schönen Ausflug
mit unserem großen Bruder gemacht."
„Vielen, vielen Dank, Nonta.
Du bist ein ganz toller Bruder!"
Nonta bekommt einen roten Kopf.
Aber das liegt natürlich nur
an der untergehenden Sonne.

Zum Umgang mit diesem Bilderbuch

Plötzlich ist es da, das „Geschwisterchen". Sicher, das erste Kind ist schonend darauf vorbereitet worden. Die Verwandten haben keine Mühe gescheut, es neugierig zu machen auf das kleine Brüderchen oder Schwesterchen. Aber jetzt muß sich im täglichen Umgang zeigen, ob Neugier und Freude stärker sind als die Angst, in den Hintergrund gedrängt zu werden. Auf einmal ist man „groß". Das hat weitreichende Konsequenzen: Die Eltern haben nicht mehr so viel Zeit, Freunde und Bekannte verlieren vielleicht das Interesse an dem „großen" Kind und wenden sich dem Baby zu. „Das ist ein ganz eigenartiges Gefühl."

Als Erwachsener steht man leicht in der Gefahr, diesem eigenartigen Gefühl eines Kindes nicht den richtigen Stellenwert einzuräumen. Man ist sehr schnell mit Formulierungen wie „Sei doch nicht so eifersüchtig" oder „Du bist doch schon groß" bei der Hand. Das kann unter Umständen die ablehnende Haltung des ersten Kindes verstärken, vor allem, wenn es nun auch noch auf das Geschwisterchen aufpassen oder es überallhin mitnehmen muß.

Diese Schwierigkeiten werden in „Jetzt bin ich ein großer Bruder" beschrieben. Die Handlung wird in die Tierwelt verlegt. Dadurch kann sich das Kind einerseits mit dem Geschehen identifizieren, behält aber andererseits eine gewisse Distanz. Gefühle und Absichten, die es sich selbst schon verbietet, weil sie von den Erwachsenen als schlecht bezeichnet werden, kann es hier stellvertretend durchleben.

Nonta will seine Geschwister loswerden, damit er die Mutter wieder ganz für sich allein hat. Das ist verständlich und sicherlich für viele Kinder nachvollziehbar. Seine „gemeinen" Pläne dagegen stoßen vielleicht schon auf Kritik. So weit würde wohl kaum ein Kind gehen. Aber dennoch sind ähnliche Gedanken ihm nicht unbedingt fremd. Die bewußt übertriebene Darstellung verdeutlicht so manch einen möglichen geheimen Wunsch und spielt ihn zunächst als Idee durch. Nonta verbietet sich nicht den Gedanken, die Geschwister alleinzulassen, aber er bringt es letztlich nicht fertig, den Plan in die Tat umzusetzen, weil er seine Verantwortung fühlt, und die Liebe zu seinen Geschwistern stärker ist als die eigenen Verletzungen. Hinter ihm steht kein Erwachsener mit erhobenem Zeigefinger, der Nontas eigentliche Empfindungen niederdrückt. Am Ende kann Nonta sogar feststellen, daß es Spaß macht, ein großer Bruder zu sein und von den „Kleinen" anerkannt zu werden.

Nonta ist nicht böse, sondern einfach ehrlich. Sein Beispiel bietet die Möglichkeit für Kinder in einer ähnlichen Situation, ihre Gefühle zu äußern und dazu zu stehen. Nur so kann man ihnen bei der Bewältigung ihrer Probleme helfen.